HOTEL DROUOT, SALLE N° 3

COLLECTION

DE

M. E. LEFEVRE

EXPOSITION

Les Mercredi 21 et Dimanche 25 Février 1883

Commissaire-Priseur : Mᵉ ESCRIBE, 6, rue de Hanovre.

Experts :

M. CLÉMENT	MM. HARO ✳ et Fils	M. A. BLOCHE
3, rue des Saints-Pères.	14, rue Visconti, et 20, rue Bonaparte.	44, rue Laffitte.

CATALOGUE

DES

OBJETS D'ART

ET DE CURIOSITÉ

BELLES MINIATURES PAR FRAGONARD, CHARLIER, ETC.

Émaux, Objets de vitrine, Ivoires, Bijoux, Bois sculptés, Boîtes, Médailles, Monnaies, Objets d'orfèvrerie

ANCIENNES PORCELAINES DE CHINE, DU JAPON, DE SÈVRES, DE SAXE, ETC.

Faïences et Grès anciens, Objets divers

BRONZES ET MEUBLES DES ÉPOQUES LOUIS XV, LOUIS XVI ET AUTRES

Paire de beaux candélabres en bronze ciselé du temps de Louis XVI

TABLEAUX ANCIENS

PASTELS, AQUARELLES ET DESSINS PAR DIVERS ARTISTES.

DESSINS PAR G.-P. CAUVET

LIVRES A FIGURES ET AUTRES

composant la

COLLECTION DE M. E. LEFEVRE

dont la vente aux enchères publiques aura lieu

HOTEL DROUOT, SALLE N° 3

Les Jeudi 22, Vendredi 23, Samedi 24, Lundi 26 et Mardi 27 Février 1883

A DEUX HEURES PRÉCISES

Par le ministère de Me ESCRIBE, Commissaire-Priseur, 6, rue de Hanovre,

Assisté de :

M. CLÉMENT marchand d'estampes de la Bibliothèque nationale, 3, rue des Saints-Pères.	MM. HARO et fils peintres-experts, 14, rue Visconti, et 20, rue Bonaparte.	M. A. BLOCHE expert 44, rue Laffitte.

Chez lesquels se distribue le catalogue.

EXPOSITION PUBLIQUE

Les Mercredi 21 et Dimanche 25 Février 1883, de une heure et demie à cinq heures et demie.

PARIS — 1883

4

CONDITIONS DE LA VENTE

Elle sera faite au comptant.

Les acquéreurs payeront, en sus des adjudications, cinq centimes par franc applicables aux frais.

Aucune réclamation ne sera admise une fois l'adjudication prononcée.

ORDRE DE LA VENTE

Les Jeudi 22, Vendredi 23 et Samedi 24 Février : Objets de curiosité.

Le Lundi 26 : Tableaux, Dessins par divers artistes (encadrés).

Le Mardi 27 : Dessins par Cauvet, en feuilles et encadrés ; Dessins par divers artistes, en feuilles ; Livres.

OBJETS D'ART

DE

CURIOSITÉ ET D'AMEUBLEMENT

MINIATURES

1 — Très belle Miniature ovale sur ivoire, représentant
une jeune fille à chevelure blonde coquette-
ment relevée, en robe vert clair, corsage gra-
cieusement décolleté. Œuvre originale de
HONORÉ FRAGONARD.

2 — Très jolie Miniature rectangulaire sur ivoire, représentant *Vénus lutinée par l'Amour*. Gra-
cieuse composition par CHARLIER.

3 — Jolie Miniature ronde sur ivoire, représentant
une jeune femme étendue sur un divan. In-
spirée d'une composition de Fragonard, époque Louis XVI ; montée sur une bonbonnière
en ivoire du temps.

4 — Miniature ovale sur ivoire, portrait de Colar-
deau ; montée sur une bonbonnière en écaille.

5 — Jolie Miniature, portrait d'une dame de qualité
de l'époque Louis XVI, coiffure à la poudre,
corsage bleu et décolleté. Montée sur une bonbonnière en écaille ornée dessous d'un médaillon en ivoire sculpté, sujet pastoral.

6 — Jolie Miniature représentant *Mme de Lormoy* à son pupitre et dessinant. Attribuée à HEINSIUS.

7 — Deux jolies Miniatures ovales sur ivoire, représentant *Vénus et les Amours.* Gracieuses compositions attribuées à CHARLIER.

8 — Miniature ronde sur ivoire : *Jeune Femme à son lever.* Attribuée à SAINT.

9 — Jolie Miniature ovale sur ivoire, portrait d'une jeune femme du temps de Louis XVI vue de profil. Attribuée à COSWAY.

10 — Miniature ovale : *la Petite Fille au chien,* d'après GREUZE.

11 — Miniature ovale, peinture à l'huile sur cuivre; portrait d'une jeune femme de l'époque Louis XIII.

12 — Petite Miniature ovale, portrait d'un gentilhomme de l'époque Louis XVI.

13 — Deux Médaillons : une Miniature, portrait d'homme en costume Louis XV; une Scène enfantine en vernis de Martin, sur un cadre en velours.

14 — Miniature ronde sur ivoire, représentant deux enfants se disputant des grappes de raisin. Attribuée à TAUNAY.

15 — Médaillon ovale, représentant une jolie tête de jeune fille. Monté en médaillon.

16 — Miniature ovale sur ivoire, portrait de femme vue de profil, époque de la Restauration.

17 — Jolie Miniature ovale sur ivoire, portrait d'un gentilhomme de l'époque Louis XV, à perruque blanche, attribuée à LEFEBVRE. Montée dans un médaillon en argent du temps, sur fond de velours.

18 — Miniature ovale, portrait d'un évêque.

19 — Miniature ronde, portrait de femme, coiffure à aigrette.

20 — Miniature octogone sur vélin, représentant une apparition du Saint-Esprit. Montée dans un écrin en maroquin clouté de l'époque Louis XV.

21. — Miniature ovale, représentant une princesse sortant de la chapelle, abordée par un mendiant. Époque Louis XV.

22 — Peinture sur cuivre, portait d'un abbé.

23 — Médaillon rectangulaire représentant un paysage, vue de Suisse.

24 — Deux Médaillons rectangulaires sur vélin, vue de ville avec figures.

25 — Miniature sur ivoire, la Du Barry et Zamor, montée dans l'intérieur d'une boîte à mouches en écaille.

26 — Jolie Miniature rectangulaire sur ivoire, représentant une bacchante. Attribuée à AUGUSTIN.

27 — Miniature ovale sur ivoire, portrait d'une jeune
femme coiffée à la Titus en costume Empire.

28 — Miniature rectangulaire sur ivoire, portrait d'une
jeune femme en robe rose décolletée.

29 — Miniature ronde, portrait de femme du temps
de Louis XV, montée sur une boîte en écaille
garnie d'or.

3o — Miniature ovale sur ivoire, jeune femme compo-
siteur, montée dans un écrin en maroquin
clouté, époque Louis XV.

3i — Miniature ronde représentant une [allégorie à
l'autel de l'Amour, montée sur un petit coffret
à bijoux.

32 — Deux Miniatures ovales sur ivoire, portraits
d'hommes, époque Louis XVI.

33 — Deux petits Médaillons de fleurs, dans un cadre
noir, cercles dorés. Attribués à VAN DAEL.

34 — Miniature ovale, nymphe dans une forêt.

35 — Très belle Peinture sur cire avec partie en relief,
représentant la *Descente de croix,* œuvre
d'une grande finesse d'exécution de ZOMBO,
cadre en ébène guilloché *(ayant appartenu à
Louis XVI).*

36 — Miniature, portrait de femme, par DEVÉRIA (*signé*).

37 — Miniature, portrait de femme, coiffure à turban. Montée en médaillon.

38 — Deux fixés Paysages.

39 — Miniature ovale, portrait de jeune femme en robe blanche décolletée, époque Empire.

40 — Miniature ronde représentant des fleurs.

41 — Deux Peintures sur vélin représentant le grand Arnauld et le père Quesnel, cadres en bois sculpté et doré.

42 — Miniature, portrait d'un moine.

ÉMAUX

43 — Deux Émaux peints représentant la *Sainte Famille* et l'*Adoration des Rois mages*.

44 — Six émaux peints, scènes champêtres, d'après GREUZE et FRAGONARD.

45 — Émail peint, sujet d'après Watteau, fragment de monture.

46 — Émail peint, Petits Amours en camaïeu rose, monté en médaillon.

OBJETS DE VITRINE

IVOIRES, BIJOUX, BOIS SCULPTÉS

BOITES

47 — Deux très beaux Bas-Reliefs sur ivoire, représentant l'un le Christ sous un arceau couronné par une tête de chérubin; l'autre, un groupe de quatre figures tenant les emblèmes de la Passion. Le fond, travail à jour, représente aux angles les figures de Moïse, de saint Jean-Baptiste, deux têtes de chérubins et quatre figures allégorie des Évangélistes avec fleurs et arabesques. XVIe siècle.

48 — Nécessaire de dames, composé d'un étui, un porte-plume, ciseaux, dé, poinçon et cœur en or, du temps de Louis XVI.

49 — Jolie Bague en or offrant une petite miniature sujet de bataille de *Savignac*, entourée de demi-perles.

50 — Bague chevalière en or enrichie d'un fragment de camée dur à deux couches, *Nymphe couchée*, du XVIIe siècle.

51 — Bague en or enrichie d'un joli camée dur à deux couches représentant une offrande à Priape. XVIe siècle.

52 — Épingle en or enrichie d'un camée Niccolo, buste
de Mercure.

53 — Jolie Épingle, camée dur à quatre couches représentant un profil de bacchante, entourage en
roses.

54 — Épingle en or enrichie d'un camée dur à deux
couches, *la Vénus pudique.*

55 — Grosse Bague en or formée de grenouilles et de
cabochons, avec chaton en sardoine œil-de-
chat.

56 — Bague en or avec cornaline gravée à armoirie.

57 — Bague en argent avec inscription et émail, du
temps de Louis XIII.

58 — Épingle en or avec miniature, portrait d'un gentilhomme, de l'époque Louis XV.

59 — Épingle en or enrichie de trois camées durs :
Têtes de Césars.

60 — Collier ancien en argent et strass.

61 — Joli Bandeau ou Bracelet en aigues-marines, monture or et argent, époque Louis XVI.

62 — Cachet à trois faces, en argent finement ciselé,
offrant sur une face les armes de France; sur
une autre, deux cœurs avec cette devise : « Ils
sont unis pour toujours », et sur la troisième
un lierre entourant un arbre, avec cette devise :
« Je meurs où je m'attache ».

63 — Cachet en or avec intaille sur cornaline blanche, buste d'homme, époque Louis XVI.

64 — Cachet en or avec cornaline blanche, buste d'homme, époque Louis XVI.

65 — Joli petit Groupe en ivoire, *la Vierge et l'Enfant,* enrichi d'un socle avec perles, posé sur fût en cristal de roche, XVIIe siècle.

66 — Jolie petite Cassolette en or de couleur ciselé, de l'époque Louis XVI, avec son étui en galuchat.

67 — Bas-relief en ivoire, *l'Amour couronnant un petit berger,* époque Louis XVI.

68 — Montre en argent ciselé à double boîtier orné d'un émail peint, portrait de femme, époque de la Régence.

69 — Bas-relief sur ivoire, profil de jeune Bacchus, cadre en ivoire sculpté, époque Louis XVI.

70 — Étui en écaille, orné d'applications d'or, renfermant un calendrier de 1771.

71 — Coquetier et Cuiller en argent doré et gravé.

72 — Bonbonnière en écaille piquée d'or, époque Louis XVI.

73 — Joli petit Flacon couvert de rocailles et de fleurs en or ciselé et repercé du temps de Louis XV.

74 — Deux petits Groupes en ivoire de deux figures.

75 — Deux Médailles en argent.

76 — Petit Fruit en jade et un scarabée.

77 — Jolie Boîte en ancienne porcelaine de Saxe forme fleur, monture à charnière en argent doré, époque Louis XV.

78 — Joli petit Flacon en argent ciselé, décor d'après Bérain, époque de la Régence.

79 — Bas-relief en ivoire avec allégorie : *l'Espérance nourrit l'Amour,* époque Louis XVI.

80 — Deux Camées coquilles représentant des chars de triomphe.

81 — Petit Reliquaire en bois sculpté et doré, époque Louis XIV.

82 — Médaillon en émail, figure d'abbesse, époque Louis XIV.

83 — Jolie Ceinture en argent partie doré, finement ciselé, à têtes de chérubins et ornements, enrichie de cabochons. Époque Renaissance.

84 — Bonbonnière en écaille laquée étoilée d'or avec médaillons en ivoire sculpté de chaque côté. Époque Louis XVI.

85 — Deux petites Figurines : Minerve et enfant en argent. XVIIᵉ siècle.

86 — Jolie Râpe à tabac en buis sculpté, représentant des scènes tirées du Nouveau Testament. XVIIᵉ siècle.

87 — Étui en vernis de Martin fond d'or. Garni en or.

88 — Deux Manches de couteau en buis sculpté représentant le *Sacrifice d'Abraham* et *Jupiter précipitant ses foudres*.

89 — Râpe à tabac en ivoire sculpté représentant une Diane chasseresse, époque Louis XIV.

90 — Râpe à tabac en ivoire sculpté représentant un groupe galant sous un baldaquin, époque Louis XIV.

91 — Deux Médaillons à fleurs en ivoire sculpté, cadres en ivoire, époque Louis XVI.

92 — Râpe à tabac en ivoire représentant Diane et des trophées Louis XV.

93 — Jolie Râpe à tabac complète en ivoire sculpté, représentant Vénus près d'une cascade, des rinceaux et des coquilles, époque Louis XIV.

94 — Boîte à charnière de Menecy fond rose, avec petit Amour à l'intérieur, époque Louis XVI.

95 — Boîte oblongue en bois sculpté à ornements.

96 — Médaillon à initiales en or.

97 — Cadre en acier facetté.

98 — Bonbonnière en écaille blonde ornée sur le couvercle d'un médaillon en ivoire finement sculpté : *Vénus et l'Amour*. Époque Louis XVI.

99 — Étui en nacre incrustée de vermeil à fleurs, époque Louis XVI.

100 — Étui-cachet en argent, Louis XV.

101 — Binocle d'incroyable en acier facetté.

102 — Belle Aumônière en velours rouge richement
brodé d'or et d'argent aux armes de France
entourées de fleurs de lys, XVIIe siècle.

103 — Pomme de canne en argent ciselé représentant
des chasseurs sous des niches, des rocailles et
des pierreries. Dessus avec camée, tête de
Socrate.

104 — Pendentif en argent ciselé Empire, et pendentif
en ivoire sculpté, cadre noir.

105 — Étui en ivoire, tête d'abbé, Louis XV.

106 — Éventail brodé, à paillettes, Louis XVI.

107 — Joli Bas-relief sur ivoire : *le Général Augereau*,
cadre en bois sculpté et doré du temps.

108 — Joli petit Buste en bois sculpté, figure de femme
d'après Franz Hals.

109 — Coffret en malachite, monté en bronze doré.

110 — Cadre renfermant six bas-reliefs en ivoire et un
camée coquille.

111 — Bouton en ivoire japonais, figure de grotesque.

112 — Bas-relief en argent, sujet allégorique à l'histoire des Vestales, cadre en bois noir guilloché, Louis XIII.

113 — Souvenir en ivoire, monté en or, orné de chaque
côté d'un fixé-paysage, époque Louis XVI.

114 — Intaille grecque formant cachet.

115 — Bonbonnière en ivoire à jour, Louis XVI.

116 — Pendentif en argent avec initiales et guirlandes
de fleurs en ivoire, époque Louis XVI.

117 — Deux petites Boucles en vermeil, Louis XV.

118 — Fermoir de livre en argent, Louis XV.

119 — Couteau et Fourchette avec manches en ivoire
à groupes de quatre figures, XVIIe siècle.

120 — Boîte en bois sculpté avec sujet guerrier et bi-
blique en bas-relief, XVIIe siècle.

121 — Face à main en or.

122 — Croix gréco-russe en argent.

123 — Émail représentant Louis XIV de profil, cadre
argent.

124 — Bonbonnière en écaille avec médaillon à initiales
C. B., et cercle en or sur le couvercle.

125 — Binocle en argent ciselé et doré.

126 — Petit Reliquaire forme corbeille, en filigrane d'argent, avec un émail peint, Louis XIII.

127 — Custode en argent gravé avec peinture sous verre, représentant *la Sainte Famille*, XVIIe siècle.

128 — Deux jolis petits Médaillons en Wedgwood noir, représentant *Louis XVI et Marie-Antoinette*, montés en porte-montres.

129 — Bas-relief sur ivoire, profil de femme. Louis XV.

130 — Bas-relief sur ivoire : *la Pluie d'or*. Époque Louis XVI.

131 — Deux Bas-Reliefs oblongs, sur ivoire, scènes champêtres. Cadres en velours, Louis XVI.

132 — Jolie petite Figurine en bois sculpté : *la Danseuse aux cymbales*.

133 — Petit Éventail en corne rehaussée de paillettes d'acier.

134 — Figurine d'Oriental, en bois sculpté.

135 — Deux Figurines en pierre de lard.

136 — Service japonais dans un étui.

137 — Curieuse Tirelire formée de deux bas-reliefs en cire peinte, compositions de nombreuses figures, représentant une élévation et une adoration, monture en cuivre. Époque Louis XIII.

138 — Buste d'homme sculpté en pierre de touche, socle en marbre.

139 — Bonbonnière en écaille ornée sur le couvercle d'une belle miniature portrait de jeune homme attribué à HALL, monture en or de l'époque.

140 — Bonbonnière dite *Consolation*, en peau de chagrin garnie en ivoire doublé d'écaille, offrant sur le couvercle le buste de la comtesse du Barry modelé par J.-N. WURTH (*signé*).

141 — Bonbonnière en vernis Martin, fond rose avec médaillon, sujet enfantin sur le couvercle.

142 — Bonbonnière en écaille ornée sur le couvercle d'un médaillon en buis sculpté représentant le *Retour de la chasse de Henri IV*.

143 — Bonbonnière en ivoire offrant sur le couvercle, le buste de Jean-Jacques Rousseau, en terre cuite, par Renaud (signé du monogramme).

144 — Bonbonnière en écaille posée d'or, offrant sur le couvercle l'initiale L. sur fond de cheveux, garniture en or, époque Louis XVI.

145 — Étui-lorgnette avec nécessaire en peau de chagrin, monture en argent, époque Louis XVI.

146 — Éventail de l'époque Louis XVI, décor sujet champêtre, monture en nacre rehaussée d'or.

147 — Aumônière en velours rouge brodé à fleurs de lis, époque Louis XIV.

148 — Porte-lettres en satin bleu turquoise brodé, époque Louis XV.

149 — Porte-placet en satin blanc brodé, époque Louis XV.

150 — Porte-plume et porte-crayon en argent, avec étui en galuchat, époque Louis XVI.

151 — Mètre en ivoire, avec charnières en argent, époque Louis XVI.

152 — Jolie Figurine en ivoire sur socle cintré, époque Louis XIV.

153 — Petite Figurine d'enfant assis en ivoire, époque Louis XIV.

154 — Statuette équestre : personnage sur un chien en ivoire, époque Louis XVI.

155 — Christ en ivoire, XVIIe siècle.

156 — Râpe à tabac en ivoire, représentant un fumeur, XVIIe siècle.

157 — Bas-relief en ivoire : *La Lutte des amours*, époque Louis XIV.

158 — Bas-relief sur ivoire : *Mercure endormant Argus,* époque Louis XIV.

159 — Bas-relief sur ivoire : Cerf et daim encadrés de feuillages et de branchages, époque Louis XV.

160 — Bas-relief sur ivoire : *Vénus et l'Amour,* encadrés de rinceaux, époque Louis XV.

161 — Tabatière en ivoire, époque Louis XV.

162 — Dessous de boîte en ivoire piqué, époque Louis XV.

163 — Crucifix en buis sculpté, XVIIe siècle.

164 — Petite Poudrière en buis sculpté avec figures en bas-relief.

165 — Trois Figurines en pierre de lard, travail chinois.

166 — Fragment de collier en strass, monture argent, Louis XVI.

167 — Deux Pièces jade : sceptre et fût carré.

168 — Petit Bloc de cristal de roche poli par parties, avec socle en bois de fer sculpté à feuillages, travail chinois.

169 — Médaillon en verre églomisé représentant *La Crèche*, cadre en écaille perlée, époque Louis XIII.

170 — Dix Bagues anciennes à chaton.

171 — Quatre Baguiers en cuivre.

172 — Monture de Sablier en ivoire.

173 — Châtelaine en acier avec ses accessoires, ornée d'un émail peint, sujet champêtre, époque Louis XVI.

174 — Chaîne de gousset en acier, époque Directoire.

175 — Montre en cuivre gravé, époque Louis XIV.

176 — Applique de bracelet en or avec chiffre, du temps de Louis XVI.

177 — Crochet de montre en cuivre doré. Broche émail à fleurs, monture acier.

178 — Trois Divinités égyptiennes.

179 — Deux Fermoirs de livre en argent doré, époque Louis XIII.

180 — Quatre petits Lions en cuivre doré.

181 — Petite Cassolette forme tête de mort, en argent.

182 — Intaille sur cornaline, représentant *Mercure conduisant les âmes aux enfers,* cadre de bois noir.

183 — Divinité en pierre de lard.

184 — Broche à pampilles, en argent gravé.

185 — Joli Tire-bouchon en fer finement ciselé, fond doré, époque Louis XV.

186 — Épingle de cravate, rébus, monture argent doré.

187 — Petite Croix en lapis, monture en or.

188 — Boîte à fard en écaille, monture argent, époque Louis XV.

189 — Plusieurs Breloques et Scarabées.

190 — Quatre petites Bonbonnières en écaille, cuivre et ivoire.

191 — Trois Cuillers en argent et cuivre.

192 — Clef de montre avec sujet gravé, monture argent doré, époque Directoire.

193 — Petite Applique en argent : Amour tenant un écusson.

194 — Dessus de râpe à tabac en bois sculpté, figure de femme.

195 — Deux Médailles montées à bélières, à l'effigie de : *Maria Avg. Gall. et Navar Regin.;* l'autre de *Ludovicvs XIV, R. Christi. Anna. Avstriaca, Avgvst.,* en argent doré.

196 — Porte-cartes en bois nacré.

197 — Petit Bas-relief sur argent, représentant *Moïse sauvé des eaux,* cadre ivoire, époque Louis XVI.

198 — Deux Boucles en or, époque Empire.

199 — Cinq Entrées de serrures en bronze, époques Louis XV et Empire.

200 — Cinq Fragments de garniture de livres en argent estampé.

201 — Deux Poignées en bronze ciselé et doré, à feuillages.

202 — Broche en ivoire sculpté, tête de Cérès.

203 — Profil de Louis XIV sculpté en bas-relief sur ivoire.

204 — Deux petites Bonbonnières en écaille, époque Louis XVI.

205 — Presse - papier en agate d'Allemagne et trois Chapelets.

206 — Porte-cartes en écaille.

207 — Collection de Médailles en bronze.

208 — Petite Balance ancienne.

209 — Trois Cadres à fond de velours rouge, présentant 86 Médailles à l'effigie des rois de France, depuis Pharamond jusqu'à Louis XVI, chaque pièce dans un cadre en bronze.

210 — Cadre à fond de velours, présentant douze médaillons à têtes de César sculptées sur marbre antique. Très beau travail.

211 — Médaillon en nacre posé d'argent, époque Louis XVI.

212 — Reliquaire à fond de velours brodé, peinture à figure de saint au centre, cadre bois noir et rehaussé d'or, époque Louis XIV.

213 — Bas-relief en buis, figure de sainte Madeleine éplorée. Cadre en bois sculpté et doré, époque Louis XIV.

214 — Beau Repoussé sur cuivre doré, représentant le Martyre de saint Étienne, XVIe siècle.

215 — Profil de Voltaire en biscuit, cadre en cuivre.

216 — Médaillon en marbre, profil de César, cadre en bois sculpté et doré, époque Louis XIV.

217 — Bénitier en cuivre, époque Louis XIV, avec médaillon à figure de moine en émail peint.

218 — Médaillon trophée allégorique à l'effigie de Napoléon Ier, en bois finement sculpté.

219 — Bas-relief sur ivoire : profil de Catherine II et de Paul Ier.

220 — Bas-relief sur ivoire : *la Visitation*.

221 — Deux Médaillons représentant deux profils d'homme de l'époque Louis XVI, modelés sur cire.

222 — Boîte à cure-dents en ivoire, piqué d'or, Louis XVI.

223 — Fermoir de livre en argent repercé et jais.

224 — Fermoir de bracelet en grenats cabochons.

225 — Boîte à mouches en ivoire, représentant sur le couvercle *le Char d'Amphitrite*, Louis XVI.

226 — Médaille en argent doré à l'effigie de Louis XIII, roi de France et de Navarre, avec figure allégorique de la Justice au revers.

227. — Médaille en vermeil à l'effigie de Louis XVI, offrant au revers le serment du 4 août 1789, signée *Gatteaux*.

228 — Médaille en argent à l'effigie de Louis XV.

229 — Médaille en argent à l'effigie de Marie-Thérèse.

230 — Deux Pièces de monnaie d'argent à l'effigie de Louis XVI, datant de 1793.

231 — Médaille à l'effigie de Napoléon Ier et de Marie-Louise, en argent.

232 — Dix Pièces de monnaies et Médailles en argent et vermeil.

233 — Gros Sou Almanach pour l'année 1777.

234 — Pièce représentant d'un côté un Fou et de l'autre côté un Pape.

235 — Médaille en bronze époque Louis XIV, cadre, en bois doré.

236 — Haut-relief sur ivoire, représentant Vitellius.

237 — Dix-sept Pièces, jetons de présence en argent, époque Louis XV.

238 — Vingt Médailles commémoratives, jetons de présence en argent.

239 — Six Pièces, dont cinq en argent, époque Louis XVI.

240 — Neuf pièces en argent, époque Louis XV.

241 — Dix-sept Pièces en argent, époque Louis XIV.

242 — Sept Pièces en argent, époque Louis XIII.

243 — Trois Pièces en argent, époque Henri IV.

244 — Une Pièce argent, Henri III.

245 — Deux Pièces argent, Henri II.

246 — Douze petites Pièces diverses en argent.

247 — Une Pièce argent, Charles IX.

248 — Quatre Pièces de décoration en vermeil, Louis XVI.

ARGENTERIE

249 — Moutardier en argent, modèle à ceps de vigne.

250 — Grande Tasse avec soucoupe en argent côtelé, au chiffre de Louis-Philippe.

251 — Tasse à deux anses, avec soucoupe en argent, bordure ciselée.

252 — Moutardier en argent repoussé, forme côtelée, époque Louis XV.

253 — Sucrier en argent repoussé à anses plates, époque Louis XIII.

254 — Deux Gobelets forme à pans en argent repoussé
à figures.

255 — Deux Salières bouts de table, forme coquille.

256 — Porte-huilier en argent, époque Louis XVI.

257 — Deux Saucières en argent, époque Louis XV,
travail anglais.

258 — Deux Seaux à rafraîchir en plaqué.

259 — Ménagère en argent anglais.

260 — Joli Reliquaire forme autel, en argent finement
ciselé, du temps de Louis XIII.

PORCELAINES

261 — Belle Garniture de cinq pièces, en ancienne porcelaine du Japon, décor polychrome rehaussé
d'or, forme à quatre faces.

262 — Plat en vieux Japon, polychrome à rehauts
d'or.

263 — Quatre Plats en vieux Japon, décor polychrome
à rehauts d'or.

263 *bis* — Beau Service de douze couverts, en porcelaine de Sèvres, au chiffre du roi Louis-
Philippe, décor à rehauts d'or.

264 — Quatre jolies petites Jardinières en vieux Saxe, forme rocaille, décor à fleurs.

265 — Beau Couteau de chasse à lame bleuie et gravée, avec manche en ancienne porcelaine de Saxe, forme pied de cerf, décor à sujets allégoriques. Monture en cuivre doré.

266 — Belle Aiguière forme casque, avec son bassin en ancienne porcelaine de Chine, famille verte, décor à fleurs, oiseaux et paysages rehaussés d'or.

267 — Grand Bol en vieux Chine décoré de fleurs et de branchages en bleu sur blanc.

268 — Vase avec couvercle en vieux Chine, décoré de paysages et de lambrequins en bleu sur blanc.

269 — Cornet en vieux Chine, décor paysage en bleu sur blanc.

270 — Deux Potiches et deux cornets en vieux Chine, décor à fleurs en bleu sur blanc.

271 — Joli Lavabo en vieux Sèvres, pâte tendre, décor à fleurs et rehauts d'or. Monture en argent.

272 — Deux Beurriers en vieux Sèvres, pâte tendre, décor à fleurs.

273 — Cinq petits Pots à crème de Sèvres et à la Reine, décor fond blanc et à fleurs.

274 — Tasse et Soucoupe en vieux Sèvres, pâte tendre, décor à fleurs, fond blanc.

275 — Sucrier de Sèvres, pâte tendre, décor à fleurs.

276 — Pot à lait de Sèvres, pâte tendre, décor à fleurs.

277 — Deux Tasses et Soucoupes d'Orléans.

278 — Tabacoban de Satzuma, décor à fleurs.

279 — Six Assiettes en vieux Chine famille rose, décors
variés.

280 — Deux Compotiers en vieux Chine, famille verte.

281 — Plateau de Paris, décor à fleurs.

282 — Cinq petites Assiettes de vieux Chine.

283 — Seau à rafraîchir de Sèvres, décor à rehauts
d'or, époque Louis-Philippe.

284 — Théière et Soucoupe en vieux Japon, décor à
fleurs.

285 — Figurine, un fleuve en terre cuite de Lunéville,
par *Cyfflé*.

286 — Figurine en terre cuite, petite moissonneuse de
Lepind.

287 — Jolie Aiguière avec plateau en vieux Japon, décor
polychrome à rehauts d'or. Monture en argent.

288 — Huit Assiettes en vieux Japon, décor polychrome à rehauts d'or.

289 — Quatre Bols en vieux Japon, décor polychrome.

290 .— Théière et Soucoupe en vieux Chine, décor à
fleurs en relief.

291 — Onze Bols et Soucoupes en vieux Japon, décor
polychrome.

292 — Sucrier en vieux Japon polychrome.

293 — Cafetière en vieux Japon, décor polychrome.

294 — Grand Bol en vieux Japon, décor polychrome.

295 — Cuvette et Pot à eau, fond gros bleu, à rehauts
d'or.

296 — Lavabo de Paris, décor à fleurs.

297 — Théière, Tasse et Soucoupe, décor à fleurs.

298 — Deux Flacons, décor vert, à fleurs et rehauts
d'or.

299 — Trois Jardinières de Rihouet, décor à fleurs et
rehauts d'or.

3oo — Quatre Compotiers en porcelaine à la Reine,
décor à fleurs.

3o1 — Plateau ovale, Sucrier et deux Compotiers,
décor à fleurs à rehauts d'or, en porcelaine
de Sèvres, Charles X.

3o2 — Grand Bol de l'Inde, décor à fleurs et guirlandes.

3o3 — Ravier de Boisette, décor à fleurs.

3o4 — Couteau avec manche de Chantilly.

3o5 — Deux Assiettes de Chine, famille rose à fleurs.

3o6 — Théière de Chine, décor à fleurs en relief.

3o7 — Deux Potiches avec couvercles du Japon, décor
polychrome.

3o8 — Deux Vases de Sèvres, forme Médicis, décor
gros bleu à rehauts d'or, fin Louis XVI.

3o9 — Deux Vases, décor fond gros bleu avec médaill-
lons à bouquet de fleurs.

31o — Deux Compotiers de Boisette, décor à fleurs.

311 — Deux Jardinières en porcelaine de Paris.

312 — Jolie Figurine en vieux Saxe, *la Victoire*.

313 — Tasse avec Soucoupe à la Reine, décor à guirlandes de fleurs bleues et or.

314 — Beau Plat en vieux Chine, décor à rosaces en
bleu sur blanc.

315 — Grand et beau Bol en vieux Chine, décor à
fleurs et paysage. Socle en bois sculpté.

316 — Très beau Service à thé et à café en ancienne
porcelaine de Saxe, forme à côtes gaufrées,
décor oiseaux, insectes et fleurs, composé de :
une Cafetière, une Théière, un Sucrier, un
Bol, deux plateaux, douze Tasses à thé et
huit Tasses à café, toutes avec leurs Soucoupes.

317 — Paire de jolis Vases en porcelaine de Sèvres, pâte dure, offrant des médaillons à groupes d'amours en grisaille sur fond rose et les portraits de Préville et de Mlle Clairon. Décor à rehauts d'or, avec anses en bronze doré. Époque Louis XVI.

318 — Jardinière en porcelaine à la reine, décor oiseaux, bordure à rehauts d'or.

319 — Théière de l'Inde, décor à fleurs.

320 — Seau en Saxe, décor à fleurs.

321 — Deux petits Vases de Chine, décor oiseaux et fleurs à rehauts d'or.

322 — Trente et une Tasses avec leurs Soucoupes en vieux Chine et vieux Japon, décors variés. (*Sera divisé.*)

323 — Cinq Plats en vieux Japon, décor à paysages en polychrome rehaussé d'or.

324 — Cinq Assiettes en anciennes porcelaines de l'Inde et de la Chine, décors variés.

325 — Compotier en vieux Japon, décor à fond bleu avec compartiments en réserve, fond blanc à fleurs.

326 — Deux Jardinières de Chine, décor paysages et figures.

327 — Verrière en porcelaine de Sèvres Louis XVI, fond blanc à rehauts d'or.

328 — Deux Corbeilles en porcelaine de la Courtille, décor à rehauts d'or.

329 — Deux petits Vases de Chine, décor à personnages.

330 — Figurine de Saxe.

331 — Lampe et trois Boîtes en Wedgwood.

332 — Deux Figurines de Niederwiller.

333 — Deux Figurines formant flacons en porcelaine de Jacob Petit.

334 — Buste d'enfant en Saxe.

335 — Figurine de Saxe, *la Petite Fille à la cage*.

336 — Petit Pot à pommade en Chantilly, décor à fleurs.

337 — Paire de petits Vases de Chine côtelés, décor fleurs et oiseaux.

338 — Jardinière en porcelaine à la Reine, décor oiseaux et rehauts d'or.

339 — Brûle-parfums en vieux Japon, décor polychrome, monté en bronze doré.

340 — Paire de Potiches en porcelaine, fond noir et fleurs en rouge, monture en bronze doré style Louis XV.

341 — Deux petites Aiguières en vieux Japon polychrome, à rehauts d'or, montées en bronze.

342 — Corbeille en porcelaine de Chine, montée en
bronze doré.

343 — Coupe ronde en vieux Japon, riche décor rehaussé d'or, montée en bronze doré style
Louis XV.

344 — Coupe en vieux Japon, décor polychrome à
compartiments, fond d'or, monture en bronze
doré, avec anses représentant des paons.

345 — Deux Potiches en porcelaine, fond noir à fleurs
et feuillages en rouge, monture en bronze
doré style Louis XV.

346 — Deux Cornets même facture, montures en
bronze doré style Louis XV.

347 — Deux Lampes en porcelaine de Chine, joli décor
fond rose, à médaillons et arabesques en couleur, monture bronze doré.

GRÈS

348 — Beau Cruchon en grès brun, décoré autour du
col de mascarons et de rinceaux, sur la panse
d'armoiries et d'animaux héraldiques avec des
inscriptions et la date de 1599.

349 — Beau Cruchon en grès brun, représentant des figures allégoriques sous des arceaux; porte la date de 1568.

350 — Cruchon en grès brun, représentant autour de la panse des scènes allégoriques, XVIe siècle.

351 — Cruchon en grès, fond bleu, à rosace, avec mascaron au bec, XVIe siècle.

FAIENCES

352 — Deux Bouteilles de Rouen, décor en bleu aux armes de la grande Mademoiselle.

353 — Huit Assiettes en faïence de Lille et de Montpellier; décors variés.

354 — Plat en faïence de Delft; décor oiseaux et fleurs en bleu.

355 — Double Coquille en faïence genre Rouen; décor polychrome.

356 — Beau Plat en faïence de Delft; riche décor en bleu sur blanc.

357 — Deux Plats de Delft; décor en bleu.

358 — Deux Assiettes de Strasbourg; décor à fleurs.

BRONZES

360 — Paire de très beaux Candélabres en bronze finement ciselé et doré. Ils représentent des brûle-parfums ovoïdes laqués teinte bronzée, montés sur trois cariatides de Faunes et ornés de guirlandes de fruits et d'une frise à rosaces. Ils sont surmontés de bouquets à quatre lumières formés de rinceaux. Beau travail du temps de Louis XVI; modèle rare. Haut. : 0^{m}95.

361 — Paire de très beaux Chenets en bronze doré, forme brûle-parfums, époque Louis XVI.

362 — Belle Pendule en bronze doré, représentant *Hector et Andromaque*, époque Empire.

363 — Jolie Pendule forme monument, en marbre orné de bronzes dorés, surmontée d'un aigle aux ailes déployées, époque Louis XVI.

364 — Torchère formée par un Mercure en bronze vert.

365 — Beau Groupe de trois Figures en bronze florentin : *Le Baptême du Christ*, époque Louis XIV.

366 — Bougeoir, Pantoufle et Petit Bougeoir en bronze.

367 — Deux Flambeaux bronze doré, époque Empire.

368 — Presse-papier, enfant couché, en bronze.

369 — Belle Pendule de Verneuil, mouvement à jour,
4 cadrans marquant les mois, les jours, les
quantièmes et les heures. Montée sur socle en
marbre vert orné de bronze doré.

370 — Paire de Flambeaux en cuivre poli, époque
Louis XIV.

371 — Beau Taureau en bronze, patine rouge.

372 — Petit Groupe en bronze fondu à cire perdue :
Vénus et l'Amour, XVIIe siècle; socle en
marbre de Sienne.

373 — Paire de Flambeaux en cuivre jaune, Louis
XV.

374 — Paire de Flambeaux en cuivre jaune, Louis
XVI.

375 — Paire de Flambeaux en bronze argenté et ciselé
à quatre faces, Louis XVI.

376 — Paire de Flambeaux en bronze argenté, Louis
XV.

377 — Candélabre à bouillotte, à trois branches, en
bronze doré, de l'Empire.

378 — Figurine en bronze : le Temps.

379 — Quatre belles Figures d'applique en bronze :
les Saisons, patine rouge.

380 — Horloge à poids en cuivre, époque Louis XIII.

381 — Cadran et mouvement d'horloge de Julien Leroy.

382 — Petite Figurine en bronze : Baigneuse.

383 — Deux Flambeaux en bronze argenté, du temps de Louis XVI.

384 — Deux Presse-papier formés de groupes de chiens, en marbre bleu turquin.

385 — Flambeau à bouillotte en bronze doré, style Louis XIV.

386 — Paire de Candélabres à deux branches en bronze doré, époque Empire.

387 — Paire de Flambeaux en bronze doré, style Louis XVI.

388 — Paire de petits Flambeaux en bronze doré, époque Louis XVI.

389 — Petit Lustre à six lumières en bronze doré, style Louis XVI.

390 — Paire de belles Appliques Louis XVI à deux lumières, à têtes de bélier et guirlande de lauriers.

391 — Deux Flambeaux en bronze doré, époque Empire.

392 — Figurine en bronze : Madeleine.

393 — Petite Coupe en bronze.

394 — Applique à trois lumières en bronze poli à fond
de glace, style Louis XIV.

395 — Jolie Pendule en bronze doré forme monument,
surmontée d'une urne, époque Louis XVI.

396 — Deux Bougeoirs en bronze doré, époque Louis
XVI.

397 — Coupe de surtout en cristal taillé, montée sur un
groupe de trois enfants en bronze doré.

OBJETS D'AMEUBLEMENT

398 — Meuble-Vitrine en bois noir.

399 — Deux Meubles d'appui en acajou moucheté, dessus en marbre.

400 — Table à trictrac en acajou, époque Louis XVI,
avec jetons en ivoire vert et ivoire blanc.

401 — Bibliothèque en acajou s'ouvrant à un battant.

402 — Joli petit Écran en bois du Tonkin, richement
burgauté, travail ancien de Chine.

403 — Boîte à jetons en ancienne laque de Chine, avec
quatre petites boîtes et jetons en nacre gravée.

404 — Guéridon ovale en acajou, intérieur en citronnier, à quatre tiroirs.

405 — Joli petit Bonheur du jour à fond de glace en bois d'acajou, orné de filets de cuivre, époque Louis XVI.

406 — Table à tiroirs en acajou, à pieds cannelés, époque Louis XVI.

408 — Socle de pendule en marqueterie de *Boule*.

409 — Coffret et Socle en marbre de Paros polychrome.

410 — Deux Portes de vitrine en chêne sculpté.

411 — Boîte à jeu en marqueterie de cuivre et d'écaille, garnie de bronze doré, avec jetons en nacre gravée.

412 — Boîte à jeu en marqueterie style de Boule.

413 — Huit petites Consoles d'appliques en bois noir.

414 — Table bureau en acajou, époque Louis XVI.

415 — Vitrine plate en bois laqué blanc à filets rouges, forme Louis XVI.

416 — Bel Écran en bois sculpté, formé de rocailles et de fleurs, avec panneau en tapisserie représentant une allégorie à la fable du *Renard et du Corbeau*; époque Louis XV.

417 — Beau Guéridon en acajou, dessus en thuya, élevé sur quatre pieds ralliés par un croisillon, surmonté au centre d'une étagère, garni d'une galerie en cuivre; époque Louis XVI.

OBJETS DIVERS

418 — Joli Rouet en acajou du temps de Louis XVI.

419 — Trois petits Socles en bois de rose.

420 — Socle rond en acajou, orné de perlé de cuivre, Louis XVI.

421 — Jolie Canne en bois de fer, avec pomme en ivoire finement sculpté; travail chinois.

422 — Thermomètre-Baromètre en acajou fin, époque Louis XVI.

423 — Bouteille à cinq compartiments en verre de Bohême.

424 — Deux Carafes en Bohême gravé, dessin à arabesques.

425 — Verre de Bohême couleur rubis gravé.

426 — Deux Tasses et Soucoupes en verre rehaussé d'or.

427 — Pitong en ivoire sculpté; travail chinois.

427 *bis* — Verre de Bohême peint à fleurs.

428 — Deux Porte-Bouquets en cristal monté.

429 — Écran japonais, monture bois doré.

430 — Beurrier en métal anglais, forme Louis XVI.

431 — Divinité indienne en verre fondu.

432 — Trois Flacons en verre rehaussé d'or.

433 — Dix Verres anciens.

434 — Objets non catalogués.

TABLEAUX

~~~~~

BERGHEN (Dirk van)

435 — Chevaux au pâturage.

Signé à droite.

Toile. — H. 0^m46. L. 0^m40.

BONNIEU (De)

436 — La Résurrection de Lazare.

Signé au milieu.
Forme ovale.

H. 0^m36. L. 0^m44.

BONNIEU (De)

436 *bis* — La Fuite en Égypte.

H. 0^m30. L. 0^m39.

BRIL (Paul)

437 — Deux Paysages avec figures.

H. 0^m16. L. 0^m22.

CORRÈGE (École de)

438 — Vénus et Adonis.

H. 1^m00. L. 0^m82.
~~~~~

DELAFOSSE

439 — Pâris.

Ovale.

Toile. — H. 0m68. L. 0m58.

DOUW (Simon van)

440 — Paysage avec figures et animaux.

Signé à droite.

Toile. — H. 0m27. L. 0m40.

DOUW (Simon van)

440 *bis* — Passage du gué. Paysage avec figures et animaux.

Signé à gauche.

Pendant du précédent.

Toile. — H. 0m27. L. 0m40.

GUERCHIN (Attribué à)

441 — Jésus enfant soutenu par deux anges, et les instruments de la Passion.

Toile. — H. 0m55. L. 0m62.

GUERCHIN (Attribué à)

442 — Le Mariage de sainte Catherine.

H. 0m82. L. 1m12.

HEEM (Cornelis de)

443 — Fruits. Pêches, Raisins.

H. 0m62. L. 0m78.

JULIEN (Simon), dit Julien de Parme

444 — L'Enfance de Bacchus.

Toile. — H. 0m53. L. 0m66.

JULIEN (Simon), dit Julien de Parme

445 — Le Lever de l'Aurore.

Esquisse d'un tableau du musée de Caen.
Toile. — H. 0m47. L. 0m32.

JULIEN (Simon), dit Julien de Parme

446 — Louis XVI recevant Marie-Antoinette au ciel.

Apothéose.

Toile. — H. 0m32. L. 0m41.

LANCRET (N.)

447 — Scène galante.

Toile. — H. 0m38. L. 0m53.

LEBRUN (Charles)

448 — La Famille de Darius.

Répétition réduite du tableau du Louvre.
Toile. — H. 1m42. L. 1m78.

LENAIN (Louis-Antoine)

449 — Le Repas de famille.

A été gravé dans le *Magasin pittoresque* de 1850,
page 147.

H. 0m82. L. 1m07.

MAZZOLA (Francesco), dit il Parmegianino

450 — Vénus et l'Amour.

Toile. — H. 1^m42. L. 1^m20.

MILLET (Francisque)

451 — Paysage.

Bois. — H. 0^m27. L. 0^m20.

MOUCHERON (Attribué à)

452 — Paysage.

Toile. — H. 0^m45. L. 0^m66.

SWEBACH

453 — L'Abreuvoir. Paysage avec figures et animaux.

Signé à gauche : *Sw. des Fontaines,* 1795.

H. 0^m24. L. 0^m28.

TÉNIERS (Attribué à)

454 — Tête de Rabbin.

Bois. — H. 0^m09. L. 0^m07.

WOUWERMAN (Philips)

455 — Le Pâturage.

Au premier plan un cheval couché sur l'herbe ; près de lui, debout, un cheval blanc ; plus loin est assis un pasteur ayant son chien à ses côtés. Au second plan, près d'un tertre surmonté de deux arbres, des moutons au repos. Ciel nuageux.

Signé du monogramme, à droite.

Très belle qualité et superbe conservation.

Bois. — H. 0^m34. L. 0^m26.

WYNANTS (École de)

456 — Paysage. Bords de rivière.

Bois. — H. 0^{m}30. L. 0^{m}38.

ÉCOLE FLAMANDE

457 — Portrait d'homme.

H. 0^{m}12. L. 0^{m}09.

ÉCOLE FLAMANDE

458 — Fruits. Raisins, Prunes, Pêches.

Bois. — H. 0^{m}45. L. 0^{m}62.

PASTELS

MENGS (Raphael)

459 — Le Printemps.

Pastel. Forme ovale.

H. 0^{m}62. L. 0^{m}51.

MENGS (Raphael)

459 bis — L'Été.

Pastel. Forme ovale.
Pendant du précédent.

H. 0^{m}62. L. 0^{m}51.

PARMEGIANINO (D'après)

460 — Vénus et l'Amour.
Pastel.

H. 0ᵐ57. L. 0ᵐ46.

GOUACHES, AQUARELLES, DESSINS

BERCHEM (D'après)

461 — Halte de bohémiens.
Aquarelle.

H. 0ᵐ45. L. 0ᵐ55.

BREUGHEL, dit DE VELOURS

462 — La Sieste.
Gouache.
Signée à gauche et datée 1614.

H. 0ᵐ165. L. 0ᵐ17.

CICÉRI

463 — Bords de l'eau.
Aquarelle.
Signée à droite

H. 0ᵐ10. L. 0ᵐ15.

COYPEL (ANTOINE)

464 — Europe.
Dessin et aquarelle.

H. 0ᵐ23. L. 0ᵐ19.

FIELDING

465 — Marine. Marée basse.

Aquarelle.

H. 0^m09. L. 0^m07.

FRAGONARD (Honoré)

466 — Nymphes et Satyres.

Sépia.

H. 0^m24. L. 0^m37.

FRAGONARD (Honoré)

467 — Le Passage du gué. Paysage, figures et animaux.

Sépia.

Signé à droite en toutes lettres.

Toile — H. 0^m34. L. 0^m42.

GREUZE

468 — La Grand'Maman.

Mine de plomb.

H. 0^m10. L. 0^m07.

HUBERT ROBERT

468 *bis* — Soldats sur des ruines.

Sépia.

H. 0^m20. L. 0^m14.

JULIEN (Simon), dit Julien de Parme

469 — Louis XVI montant au ciel. Apothéose.

Dessin à l'encre de Chine rehaussé de blanc.

H. 0^m33. L. 0^m24.

LOO (Carle van)

470 — Persée et Andromède.

Sépia. Pensée pour une sculpture.
Signée à gauche.

H. 0m40. L. 0m27.

MARILLIER

471 — Berger et Bergère.

Mine de plomb.

H. 0m08. L. 0m05.

MARILLIER

472 — L'Automne.

Dessin à l'encre de Chine.

H. 0m16. L. 0m23.

MARTEAU (de)

473 — Étude de femme.

Sanguine.

MOREAU

474 — Portrait d'homme.

Mine de plomb.
Signé à droite et daté 1771.
Forme ronde.

0m12.

PATEL

475 — Paysage avec figures et ruines.

Gouache.
Signé à gauche et daté 1701.

H. 0m11. L. 0m14.

PINELLI

105 476 — Santa Maria Maggiore avant l'incendie.

Signée à droite et datée 1823.
Aquarelle.

H. 0m62. L. 0m89.

PINELLI

105 476 *bis* — Santa Maria Maggiore pendant l'incendie.

Signée à gauche et datée 1820.
Aquarelle.

H. 0m62. L. 0m89.

PINELLI

40 476 *ter* — Santa Maria Maggiore après l'incendie.

Signée à gauche et datée.
Aquarelle.

H. 0m62. L. 0m89.

ROMAGNESI

477 — Porte de Saint-Benoît-sur-Loire.

Sépia.
Signée à droite.

H. 0m62. L. 0m49.

RUBENS (P.-P.)

478 — Étude d'homme.

Pierre noire et sanguine.
Signée au milieu.

H. 0m53. L. 0m28.

SCHALKEN

478 *bis* — Femme éclairée par une chandelle.

H. 0m30. L. 0m19.

SAUVAGE

479 — Les Amours.

> Dessin à l'encre de Chine.

> H. 0^m07. L. 0^m13.

STANFIELD

479 *bis* — Paysage aux environs de Nice.

> Aquarelle.

> H. 0^m24. L. 0^m34.

THOMAS

480 — Le Triomphe de Paul-Émile.

> Paul-Émile, précédé d'une foule nombreuse portant des drapeaux et des trophées, s'avance vers le Panthéon.
> Dans un paysage romain sont groupés tous les principaux monuments de Rome, le Panthéon, la colonne de Trajan, etc.
> Signé à droite : *Thomas in Roma*, 1786.
> Aquarelle.

> H. 0^m55. L. 0^m94.

ÉCOLE FRANÇAISE

480 *bis* — Paysage.

> Gouache.

> H. 0^m17. L. 0^m15.

ÉCOLE FRANÇAISE

480 *ter* — Projet de monument.

> Sépia.

> H. 0^m40. L. 0^m20.

ÉCOLE FRANÇAISE

480 *quater* — Femme endormie.

> Dessin à la plume.

> H. 0^m20. L. 0^m24.

DESSINS PAR G.-P. CAUVET

(EN FEUILLES)

481 — Montant d'ornement : au milieu une femme nue debout, et au-dessus un vase surmonté d'une lyre.

> A la plume et lavis de bistre. — H. 0^{m}36. L. 0^{m}09.

482 — Tête de mascaron, dont la barbe et les cheveux forment rinceau de feuillages.

> A la sanguine, signée : *Cauvet, le 23 novembre 1771.* — H. 0^{m}12. L. 0^{m}29.

483 — Frise des portes du salon de M. le président Caron, exécutée en 1771, de même grandeur.

> A la plume, en bas, l'inscription rapportée au titre. — H. 0^{m}11. L. 0^{m}25.

484 — Rinceau d'ornement en largeur, formé de feuilles de chêne, se développant à gauche.

> A la sanguine, au bas : 27 *novembre* 1771. *Cauvet.* — H. 0^{m}11. L. 0^{m}33.

485 — Autre Frise des portes du salon de M. le président Caron.

> A la plume. — H. 0^{m}11. L. 0^{m}24.

486 — Rinceau d'ornement en largeur, formé de branches et de feuillages ; à droite, un aigle terrassant deux serpents.

A la plume. — H. 0m12. L. 0m42.

487 — Rinceau d'ornement, formé de branches et de
feuilles d'acanthe, se développant à gauche.

A la sanguine, signé : *Cauvet, janvier* 1772. —
H. 0m15. L. 0m32.

488 — Cartouche pour armoiries. De chaque côté, une
femme assise dont le corps se termine par des
rinceaux de feuillages et de fleurs.

A la plume. — H. 0m11. L. 0m36.

489 — Frise pour décoration d'un plafond.

A la sanguine, au-dessous à droite : *D. T. D. Jupiter
Tonnant*..... 19 *novembre* 1771. *Cauvet*. — H. 0m14.
L. 0m29.

490 — Rinceau en largeur, avec fontaine à gauche et
au milieu, un amour sur un dauphin.

A la plume et sanguine. — H. 0m06. L. 0m25.

491 — Décoration pour un dessous de corniche,
formée de feuillages et entrelacs.

A la sanguine, signée : *Cauvet, janvier* 1772. —
H. 0m13. L. 0m35.

492 — Études de feuilles de vigne.

Deux dessins à la sanguine, un est signé et daté de
1771. — H. 0m21. L. 0m22.

493 — Cartouche avec la date de 1772. Au milieu du bas, de chaque côté, partent des branches et des feuillages formant un rinceau d'ornement.

A la sanguine, signé à droite : *Cauvet, le 4 janvier 1772.* — H. 0^m15. L. 0^m31.

494 — Frise en largeur. A gauche, un aigle sur une boule et un Amour dont le corps finit en rinceau d'ornement.

A la plume. — H. 0^m11. L. 0^m40.

495 — Composition ayant beaucoup de ressemblance avec la précédente, mais plus petite.

A la plume. — H. 0^m06. L. 0^m33.

496 — Armoiries et Attributs : Armes de France et de Navarre, du comte de Provence, de la ville d'Aix, etc., etc. — Quatorze dessins à la plume pour fleurons, et en-tête de pages pour une histoire de Provence, par E. David, gendre de Cauvet. Au-dessous de chaque composition, le nom du sujet de la main de l'artiste. Au milieu, sa signature et la date de 1788.

498 — Feuilles d'acanthe.

Étude à la sanguine, signée : *Cauvet,* 1771. — H. 0^m22. L. 0^m25.

499 — Frise d'architecture, deux sujets sur une même feuille.

A la sanguine, signée à gauche : *Cauvet, en novembre 1771.* — H. 0^m16. L. 0^m21.

500 — Autre Frise d'architecture.

A la sanguine, datée : *3 juin* 1772. — H. 0^m15. L. 0^m32.

501 — Ornement en largeur. A gauche, un vase supporté par des pieds de mouton et orné de
têtes de bélier, et une figure de femme avec
corps de lion, dont la queue se développe en
rinceau d'ornement.

A la plume. — H. 0^m11. L. 0^m42.

502 — Ornement en largeur. Au milieu, un vase dans
lequel est posé un bouquet de fleurs; en bas,
de chaque côté, deux dauphins dont les queues
se terminent en rinceaux de feuillages; dans
la partie gauche, une corne d'abondance.

A la sanguine, à droite : 23 *mars* 1772. — H. 0^m20.
L. 0^m35.

503 — Frise d'ornement. Au milieu, un cartouche soutenu par deux enfants dont les corps se terminent en rinceaux de feuillages.

A la plume et lavis de bistre. — H. 0^m11. L. 0^m37.

— Autre frise. Au milieu, un pélican terrassant
deux serpents est perché sur une boule d'où
se développent des rinceaux de feuillages.

A la plume. — H. 0^m10. L. 0^m35.

504 — Frise en largeur, composée de vases, figures
d'Amours dont les jambes forment guirlandes
de fleurs et de feuillages.

Au lavis de bistre rehaussé de blanc. — H. 0^m07.
L. 0^m35.

505 — Cartouche formant le milieu d'un trophée composé de drapeaux et attributs de musique.

> A la plume et lavis de bistre rehaussé de blanc. — H. 0ᵐ11. L. 0ᵐ36.

506 — Frises et Arabesques.

> Quatre dessins à la sanguine, montés sur une même feuille, signés au bas de la droite : *Cauvet fecit.*

507 — Panneau décoratif, avec cheminée et glace entourée d'arabesques.

> Au lavis d'encre de Chine et d'aquarelle. — H. 0ᵐ30. L. 0ᵐ25.

— Décoration pour le haut d'un chapiteau.

> Au lavis d'encre de Chine et d'aquarelle. — H. 0ᵐ20. L. 0ᵐ33.

508 — Vase avec anses formées de deux dauphins.

> A la plume. — H. 0ᵐ19. L. 0ᵐ14.

— Autre Vase, les anses formées de serpents entrelacés.

> A la plume, signé au bas de la monture : *Cauvet fecit.* — H. 0ᵐ18. L. 0ᵐ14.

509 — Grand Vase, avec anses formées de cous de cygnes.

> A la plume, avec indication de la main de l'artiste pour la monture. — H. 0ᵐ33. L. 0ᵐ16.

510 — Modèle de chenet, avec vases dont un en forme de brûle-parfums.

> A la plume. — H. 0ᵐ22. L. 0ᵐ31.

511 — Aiguières. Quatre croquis sur une même feuille.

A la plume. — H. 0^m28. L. 0^m18.

512 — Un Amour, debout sur la boule du monde, supportant une coupe.

H. 0^m24. L. 0^m13.

— Un Amour, debout sur un piédestal, supportant une coupe.

H. 0^m29. L. 0^m15.

— Un Candélabre. Au bas est écrit de la main de Cauvet : *Candélabre pour le salon de musique.*

Trois dessins à la plume. — H. 0^m28. L. 0^m10.

513 — Modèles de Flambeaux, six sujets sur une même feuille.

H. 0^m30. L. 0^m33.

— Modèle de Pendule, le cadran posé sur deux lions chimériques.

Deux dessins à la plume. — H. 0^m20. L. 0^m21.

514 — Modèles de Flambeaux. Trois sujets sur une même feuille.

A la plume. — H. 0^m32. L. 0^m49.

515 — Étude d'une branche de mauve.

A la sanguine, signée au bas de la gauche : *Cauvet,* 1771. — H. 0^m58. L. 0^m39.

516 — Études d'une branche de mauve et d'une branche de marguerite posées dans une bouteille.

A la sanguine, signée au bas à gauche : *Cauvet*. — H. 0^m58. L. 0^m32.

517 — Bordures de tapisseries.

Au lavis de bistre, rehaussé de blanc. — H. 0^m10. L. 0^m35.

— Rosace, table et croquis sur une même feuille.

A la plume et sanguine. — H. 0^m23. L. 0^m36.

— Bordures de glaces.

Au lavis de bistre, rehaussé de blanc, trois dessins montés sur une même feuille. — H. 0^m11. L. 0^m34.

518 — Projet de décoration pour la galerie de l'hôtel de Nesle.

H. 0^m22. L. 0^m95.

— Porte de la décoration du fond de la galerie.

Deux dessins au lavis d'encre de Chine et d'aquarelle, signés : *G.-P. Cauvet, d'Aix en Provence*. — H. 0^m20. L. 0^m24.

519 — Étude d'une branche et feuilles d'acanthe.

Au crayon noir et blanc. — H. 0^m37. L. 0^m48.

520 — Grand Vase entouré de feuilles d'acanthe (*origine du chapiteau corinthien*).

A la sanguine. — H. 0^m53. L. 0^m50.

521 — Projet pour une pyramide. Vers la gauche, un trophée pour la décoration d'un des côtés.

A la plume. — H. 0^m40. L. 0^m52.

522 — Modèles de tables. Deux sujets sur une même
feuille.

A la plume. — H. 0ᵐ37. L. 0ᵐ54.

523 — Modèles de tables. Deux compositions sur une
même feuille.

A la plume. — H. 0ᵐ34. L. 0ᵐ54.

524 — Panneaux décoratifs avec attributs divers.

Quatre dessins au crayon noir, montés sur une même
feuille. — H. 0ᵐ25. L. 0ᵐ06.

525 — Croquis. Sept dessins.

A la plume et au crayon noir, plus cinq dessins dif-
férents, études collées au verso.

526 — Modèle d'horloge surmontée d'un globe.

A la plume. — H. 0ᵐ50. L. 0ᵐ40.

527 — Études de draperies.

Au crayon noir rehaussé de blanc. — H. 0ᵐ22. L. 0ᵐ40.

528 — Études d'oreilles.

Deux dessins à la sanguine.

529 — Arabesques gravées dans l'œuvre de Cauvet,
quatre sujets montés sur une même feuille
par l'artiste.

Épreuves très curieuses, qui ont presque la valeur des
dessins étant coloriées par le maître.

530 — Porte de ville pour Marseille.

Au lavis d'encre de Chine. — H. 0ᵐ42. L. 0ᵐ57.

531 — Projet de fontaine dans un parc.

> Au lavis d'encre de Chine et d'aquarelle, signé au bas de la gauche : *4 juillet 1781, G.-P. Cauvet, architecto, sculpteur des bâtiments de Monsieur.* — H. 0^m35. L. 0^m46.

532 — Coupe du Palais de justice d'Aix, par G.-P. Cauvet, sculpteur ordinaire des bâtiments de Monsieur.

> Au lavis d'encre de Chine et d'aquarelle, signé : *G.-P. Cauvet, d'Aix en Provence.* — H. 0^m30. L. 0^m52.

533 — Projet de deux maisons sur le même terrain, formant encoignure, situées sur le boulevard du Nord.

> Au lavis d'encre de Chine. — H. 0^m22. L. 0^m51.

534 — Coupe et Élévation du projet des thermes, ou bains publics des eaux chaudes, minérales et sulfureuses d'Aix en Provence.

> Au lavis d'encre de Chine, signé : *Décembre 1780, G. Cauvet, d'Aix.* — H. 0^m30. L. 0^m49.

— Plan d'un projet de thermes ou bains publics des eaux chaudes, minérales et sulfureuses d'Aix en Provence.

> Au lavis, signé : *G.-P. Cauvet, d'Aix en Provence.* — H. 0^m47. L. 0^m60.

535 — Façade et Coupe de l'Hôtel de ville de Marseille, avec les armes du roi et de la ville.

> Au lavis d'encre de Chine et d'aquarelle, signé : *En juin 1780, G.-P. Cauvet, d'Aix en Provence.* — H. 0^m26. L. 0^m60.

536 — Plan et Élévation du château de Plaisance, de
M. Sobre.

H. 0ᵐ37. L. 0ᵐ25.

— Plan d'une maison de campagne située à Sceaux-
Penthièvre.

H. 0ᵐ48. L. 0ᵐ36.

— Projet pour les entrées de la ville d'Aix par les
routes de Paris, de Marseille et des Marti-
gues.

H. 0ᵐ45. L. 0ᵐ45.

— Vues et Plans, deux dessins.

En tout cinq dessins à la plume et lavis d'encre de
Chine et d'aquarelle.

537 — Frises formées de branches et de feuilles d'a-
canthe.

Deux dessins à la sanguine, contre-épreuves.

538 — Brûle-parfums monté sur un piédestal.

A la sanguine, contre-épreuve.

539 — Frise ; à gauche, un mascaron d'où partent des
branches de feuillage.

Trophée avec deux cornes d'abondance.

— Frise d'ornement ; au milieu, un trophée avec
bouclier sur lequel est un aigle.

Trois dessins à la sanguine, contre-épreuves.

540 — Grand Vase entouré de feuilles d'acanthe. Étude d'une feuille d'acanthe. Rosace. Étude d'une tête d'aigle.

Quatre dessins à la sanguine, contre-épreuves.

541 — Frise avec un aigle sur la boule du monde, et un enfant assis sur un lion.
Études de feuilles d'acanthe.

Trois dessins à la sanguine, contre-épreuves.

542 — Rosace. Étude de trois branches de vigne entrelacées. Étude de branche et feuilles d'acanthe.

Trois dessins à la sanguine, contre-épreuves.

———

DESSINS PAR G.-P. CAUVET

(ENCADRÉS)

543 — Modèle pour une pendule en bronze, le cadran posé sur un piédestal et soutenu par deux sirènes dont le corps se termine en rinceaux d'ornements.

A la plume et lavis d'encre de Chine; au verso, un autre dessin de pendule et candélabre. — H. 0m20. L. 0m16.

544 — Vase avec anse formée par un dauphin, posé sur un piédestal, derrière un grand plat, d'où

5

partent des guirlandes formées de branches de vigne et raisins.

> Au lavis de bistre, rehaussé de blanc. — H. 0^m21. L. 0^m15.

545 — Frise. A gauche, un dauphin, dont le corps se termine en rinceaux de branches et feuilles d'acanthe.

> A la sanguine, signé à droite : *Cauvet, le 24 novembre 1771*. — H. 0^m11. L. 0^m29.

546 — Frise. Un serpent entortillant le cou d'un pélican, qui se termine en rinceau d'ornement formé de branches et de feuilles d'acanthe.

> A la sanguine, signé à droite : *le 26 novembre 1771, Cauvet.* — H. 0^m15. L. 0^m31.

547 — Montant d'arabesque formé de feuillages et de fruits.

> A la plume et lavis de bistre. — H. 0^m18. L. 0^m11.

548 — Frise. A gauche, un bouquet de feuillage et de fleurs, qui se développe à droite, en rinceau d'ornement.

> Au lavis d'encre de Chine, rehaussé de blanc. — H. 0^m13. L. 0^m53.
>
> Encadrées sous le même verre, de chaque côté, deux frises en hauteur. Aussi au lavis d'encre de Chine, rehaussées de blanc.

549 — Arabesque. Au milieu, Vénus et l'Amour debout sur la boule du monde posée sur des nuages ; de chaque côté, des guirlandes de fleurs.

> A la sanguine. — H. 0^m46. L. 0^m20.

550 — Arabesque. Au milieu, trois Amours, posés sur une boule, soutiennent une corbeille de fleurs, en bas, un trophée d'attributs de jardinage, et têtes de béliers.

A la sanguine. — H. 0^m47. L. 0^m17.

551 — Arabesque. En bas deux sirènes soutiennent un vase d'où se développent des rinceaux de feuillages et de fleurs.

A la sanguine. — H. 0^m47. L. 0^m18.

552 — Arabesque. En bas, un brûle-parfums posé sur une table, orné de deux têtes de béliers, dont les cous se terminent en rinceaux d'ornements. En haut, l'Amour assis sur une boule posée sur des nuages.

A la sanguine. — H. 0^m46. L. 0^m19.

553 — Arabesque. Au milieu, une femme tenant sur sa tête une corbeille de fleurs.

A la sanguine. — H. 0^m46. L. 0^m19.

554 — Allégorie sur les beaux-arts. Frontispice de l'œuvre gravé de Cauvet.

Ce dessin au lavis de bistre et rehaussé de blanc est de Taraval, ami de Cauvet. — H. 0^m46. L. 0^m20.

555 — Arabesque. Au milieu, la tête et les attributs de Mercure.

A la sanguine. — H. 0^m31. L. 0^m11.

556 — Arabesque. Au milieu, un bouclier avec attributs guerriers.

A la plume. — H. 0^m35. L. 0^m09.

557 — Arabesque. En bas, un brûle-parfums orné de
têtes de béliers. Au milieu, un Amour debout.

A la plume. — H. 0ᵐ35. L. 0ᵐ09.

558 — Arabesque. Au milieu, la boule du monde sur
un trophée d'ornement, surmontée de deux co-
lombes qui se becquètent.

A la plume. — H. 0ᵐ35. L. 0ᵐ09.

559 — Arabesque. Au milieu, les armes du roi et les
attributs de la royauté en forme de trophée.

A la sanguine. — H. 0ᵐ30. L. 0ᵐ09.

560 — Arabesque. Au milieu, le chiffre du roi, surmonté de la couronne royale.

A la sanguine. — H. 0ᵐ29. L. 0ᵐ09.

561 — Arabesques avec figures de femmes. Trois dessins dans un même cadre.

A l'aquarelle. Celui du milieu mesure en hauteur
0ᵐ34, en largeur 0ᵐ09 ; les deux autres, hauteur 0ᵐ33,
largeur 0ᵐ04.

562 — Un Vase supporté par deux cygnes.

A la plume. — H. 0ᵐ30. L. 0ᵐ18.

563 — Montant d'ornement formé de feuilles d'a-
canthe.

Au lavis de bistre, rehaussé de blanc. — H. 0ᵐ53.
L. 0ᵐ19.

564 — Montant d'ornement formé de feuilles et fleurs
d'acanthe.

Au lavis de bistre et sanguine, rehaussé de blanc. —
H. 0ᵐ54. L. 0ᵐ13.

565 — Arabesque formée de feuillages et de fruits.

A la sanguine. — H. 0^m32. L. 0^m18.

566 — Arabesque formée de feuillages et de fleurs avec attributs de musique.

A la sanguine. — H. 0^m34. L. 0^m18.

567 — Vase et Coupe ornés de deux dauphins.

A la plume. — H. 0^m20. L. 0^m12.

568 — Frise en largeur. Au milieu, un vase avec deux Amours, duquel partent des rinceaux d'ornement qui se développent à gauche et à droite.

A la plume et lavis de bistre. — H. 0^m07. L. 0^m37.

569 — Frise en largeur. Au milieu une coupe remplie de fruits et, au pied, deux têtes d'animaux chimériques dont les corps se terminent en rinceaux d'ornement.

A la plume et lavis de bistre. — H. 0^m07. L. 0^m37.

570 — Chambre à coucher de l'hôtel de Nesle.

Au lavis d'encre de Chine et d'aquarelle; au bas à gauche : *Le 18 juillet 1781, G.-P. Cauvet, d'Aix en Provence.* — H. 0^m33. L. 0^m45.

571 — Frise. A gauche un dauphin.

A la plume. — H. 0^m11. L. 0^m25.

572 — Le Salon de l'hôtel de Nesle. Sur le panneau du milieu sont représentées les trois Grâces.

Au lavis d'encre de Chine et d'aquarelle ; au bas de la droite : *novembre 1780. G.-P. Cauvet, d'Aix en Provence.* — H. 0^m24. L. 0^m51.

573 — Galerie de l'hostel de Nesle, avec porte au milieu.

> Au lavis d'encre de Chine et d'aquarelle, au bas de la droite : *G.-P. Cauvet, d'Aix en Provence.*—H. o^m35. L. o^m42.

574 — Montant d'ornement, en bas deux dauphins.

> Au lavis de bistre, rehaussé de blanc. — H. 1^m15. L. o^m23.

575 — Frise.

> A la plume, au bas est écrit par l'artiste : *Frise des portes du salon de Monseigneur le duc de Nivernais, même grandeur, exécutée en 1770.* — H. o^m12. L. o^m24.

576 — Frise aux attributs de Bacchus. Au milieu, un satyre et sa famille.

> Au lavis de bistre. — H. o^m06. L. o^m52.

577 — Frise. Au milieu, un trophée d'attributs guerriers et deux Amours.

> Au lavis de bistre. — H. o^m06. L. o^m32.

578 — Arabesques en hauteur.

> Deux gravures de l'œuvre de Cauvet, coloriées par lui.

DESSINS DIVERS

(EN FEUILLES)

~~~~

ANONYME ITALIEN

(XVIIIe siècle)

579 — Monuments en ruines. Sur le devant, un pèlerin assis sur une pierre.

> Au lavis d'encre de Chine et d'aquarelle.

BOURDON (SÉBASTIEN)

580 — Fuite en Égypte.

> A la plume. — H. 0^{m}14. L. 0^{m}23.

CASANOVA

581 — Combats de cavaliers.

> Deux dessins au lavis de bistre, rehaussés de blanc, faisant pendants. — H. 0^{m}40. L. 0^{m}55.

LA FAGE (R. DE)

582 — Sainte Famille.

> A la plume et lavis d'encre de Chine. — H. 0^{m}36. L. 0^{m}26.

ÉCOLE ITALIENNE

583 — Grotesques avec figures et ornements.

> A la plume. — H. 0^{m}26. L. 0^{m}20.
~~~~

FRAGONARD (Honoré)

584 — Dessin d'un plafond. Au milieu, le buste d'un empereur romain ; de chaque côté, une Renommée ; au-dessous, des attributs guerriers.

A la sanguine, au bas à gauche : *Dessiné à Rome, par Fragonard.* — H. 0m29. L. 0m36.

OUDRY (J.-B.)

585 — Paysage traversé par un chemin creux.

A la sanguine rehaussée de blanc, au verso, une étude de paysage ; entrée d'un parc, au crayon noir rehaussé de blanc. — H. 0m25. L. 0m38.

PILLEMENT

586 — Paysage montagneux traversé par une rivière. Vers la gauche, un joueur de mandoline assis, qu'une jeune fille couronne.

A la plume et lavis d'encre de Chine. — H. 0m40. L. 0m54.

PINELLI

587 — Jeune fille à genoux devant un moine qui lui remet un rosaire. Derrière elle, debout, une autre jeune fille tenant un panier d'œufs.

Aquarelle signée : *Pinelli, Roma.* — H. 0m13. L. 0m23.

PUGET (P.-P.)

588 — Monument en forme de colonne, avec figures allégoriques, pour un port de mer.

Superbe dessin au crayon noir, signé au bas de la droite : *P.-P. Puget del.* Collection Mariette. — H. 0m35. L. 0m23.

LIVRES

589 — *Almanachs.* Les Spectacles de Paris, ou Suite du Calendrier historique et chronologique des théâtres, cinquième partie pour l'année 1756. *A Paris, chez Duchesne,* 1756. 1 vol. in-24, mar. rouge, avec fers sur les plats.

590 — Almanach pacifique ou l'École de la vertu. *A Paris, chez Janet,* 1793. 1 vol. cart. *Figures en couleur.*

591 — L'Esprit du siècle ou les Prestiges de l'imagination. Almanach orné de jolies gravures, avec calendrier pour 1791. 1 vol. mar. rouge.

592 — L'Ornement de la toilette ou les Filets de l'Amour. *A Paris, chez Esault et Rapilly.* 1 vol. mar. rouge. *Fig. en couleur.*

593 — Atlas topographique des environs de Paris. *A Paris, chez Lattre.* 1 vol. mar. rouge, titre frontispice par Choffard.

594 — *Amyot.* Les Pastorales de Longus ou Daphnis et Chloé, traduction de messire J. Amyot, revue, corrigée, complétée par Paul-Louis Courier. *Paris, Lemerre,* 1878. 1 vol. in-8, broché, grand papier. *Fig. gravées à l'eau-forte, d'après Prud'hon.*

595 — *Arioste*. Orlando furioso di Lodovico Ariosto. *In Parigi*, 1803-1804. 4 vol. in-4, veau marbré. *Figures d'après Moreau, Eisen et autres*.

596 — Romances par M. *Berquin*. Paris, chez Ruault, 1776. 1 vol. in-18. *Fig. d'après Marillier, avant les numéros*. Veau marbré. Exemplaire en grand papier.

597 — *Blanc (Ch.)*. Histoire des peintres de toutes les écoles, par Charles Blanc, ancien directeur des beaux-arts. *Paris, veuve Jules Renouard*, 1865-1879. 14 vol. in-fol., demi-rel. mar. vert. *Fig. sur bois*.

598 — *Burette (Th.)*. Musée de Versailles avec un texte historique, par M. Théodore Burette. *Paris, Furne et Cie*, 1847. 3 vol. in-fol., demi-rel. mar. viol. *Fig*.

599 — CATALOGUES. — Collection de S. A. le duc de Berwick et d'Albe. Tableaux, tapisseries et gravures. Vente en avril 1877. 1 vol. grand in-8. *Fig*.

600 — Catalogue des tableaux modernes composant la collection de M. le baron de Beurnonville. Vente, le 29 avril 1881. 1 vol. grand in-8. *Fig*.

601 — Catalogue des tableaux anciens de toutes les écoles composant la très importante collection

de M. le baron de Beurnonville. Vente en juin 1881. 1 vol. in-4. *Fig.*

602 — Tableaux anciens, Marbres, Bronzes et Objets d'art. Vente après décès de Mme B***, 16, 17 et 18 avril 1877. 1 vol. grand in-8. *Fig. gravées à l'eau-forte.*

603 — Collection de Mme Bl***. Vente le mercredi 3 mai 1876. 1 vol. grand in-8. *Fig. à l'eau-forte.*

604 — Catalogue illustré des livres précieux, manuscrits et imprimés, faisant partie de la bibliothèque de M. Ambroise-Firmin Didot. Juin 1878, mai 1879, juin 1881, avec les tables alphabétiques des noms d'auteurs et des ouvrages anonymes, suivi de la liste des prix d'adjudication pour les années 1878 et 1879. 3 vol. grand in-8. *Fig.*

605 — Catalogue des Objets d'art, Tableaux anciens, Livres, composant la collection Double. Vente en mai et juin 1881. 1 vol. in-4. *Fig.*

606 — Catalogue de la belle collection de tableaux des écoles italienne, flamande, hollandaise et française, connue sous le nom de Collection de M. Duval, de Genève. Vente à Londres, les 12 et 13 mai 1846. 1 vol. in-4. *Fig.*

607 — Tableaux anciens et modernes, et Tableaux de l'école anglaise provenant de la collection E. G. Vente le 10 avril 1876. 1 vol. in-8. *Fig. à l'eau-forte.*

608 — Catalogue de tableaux modernes, composant la collection de M. Faure. Vente le 7 juin 1873. 1 vol. grand in-8. *Fig. gravées à l'eau-forte.*

609 — Catalogue de tableaux modernes, composant la collection de M. Fr. Hartmann. Vente le samedi 7 mai 1881. 1 vol. in-4. *Fig.*

610 — Catalogue des tableaux modernes, composant la collection de feu M. Jacobson, de La Haye. Vente les 28 et 29 avril 1876. 1 vol. grand in-8. *Fig. gravées à l'eau-forte.*

611 — Catalogue de quarante-trois tableaux de maîtres anciens provenant de la collection de M. le comte Koucheleff Besborodko. Vente le 5 juin 1869. 1 vol. grand in-8. *Fig. gravées à l'eau-forte.*

612 — Catalogue de tableaux de premier ordre composant la remarquable collection de M. le chevalier de Lissingen. Vente le 16 mars 1876. 1 vol. grand in-8. *Fig.*

613 — Catalogue des tableaux et dessins formant la collection de feu M. Camille Marcille. Vente en mars 1876. 1 vol. in-4. *Fig.*

614 — Catalogue de tableaux de l'école moderne, tableaux anciens, marbres, objets d'art et de curiosité composant la galerie de feu M. Oppenheim. 1877. 1 vol. grand in-8. *Fig. gravées à l'eau-forte et photogravures.*

615 — Catalogue des tableaux composant la collection Laurent-Richard. Vente le 7 avril 1873. 1 vol. in-8. *Fig. gravées à l'eau-forte.*

616 — Catalogue de tableaux modernes et de tableaux anciens composant la collection Laurent-Richard. Vente les 23, 24 et 25 mai 1878. 1 vol. grand in-8. *Fig. gravées à l'eau-forte.*

617 — Catalogue des tableaux modernes provenant en partie de la collection de M. S. Vente 28 février 1881. — Catalogue des tableaux modernes formant la collection d'un amateur. Vente le 24 février 1881. 2 vol. in-8. *Fig.*

618 — Catalogue de 23 tableaux des écoles flamande et hollandaise, provenant de la célèbre galerie de San Donato (à Florence). Vente le samedi 18 avril 1868. 1 vol. grand in-8. *Fig. à l'eau-forte.*

619 — Collection de San Donato ; objets d'art. Vente boulevard des Italiens, 1870. 1 vol. grand in-8. *Fig.*

620 — Palais de San Donato. Catalogue des objets d'art et d'ameublement. Tableaux, dont la vente aux enchères publiques aura lieu à Florence, au palais de San Donato, le 15 mars et jours suivants, 1880. 1 vol. grand in-4. *Fig.*

621 — Catalogue de 24 tableaux anciens et modernes et 2 aquarelles dépendant de la collection de

M. Scharf, de Vienne. Mars 1876. 1 vol. in-8.
Fig. à l'eau-forte.

622 — Vente Sedelmeyer, comprenant ses tableaux
modernes des écoles française et étrangères
joints à ceux des galeries de San Donato et de
San Martino. Vente en 1877. 1 vol. grand
in-8. *Fig. gravées à l'eau-forte.*

623 — Collection de feu M. S. Van Walcheren Van
Waldenoyen. Vente 24 et 25 avril 1876.
M. Ch. Pillet, M. Durand Ruel et Francis
Petit, experts. 1 vol. grand in-8. *Fig. gra-
vées à l'eau-forte.*

624 — Collection de M. John W. Wilson exposée dans
la galerie du Cercle artistique et littéraire de
Bruxelles. *Paris, imprimerie de J. Claye,*
1873. 1 vol. grand in-4. *Fig.*

625 — Catalogue de tableaux de premier ordre, anciens
et modernes, composant la galerie de M. John
W. Wilson. Vente en mars 1881. 1 vol. in-4.
Fig.

626 — Catalogues Nieuwenhuys, 28 avril 1881. — Suc-
cession de M. le comte de V., 20 mai 1881.
— Mailand, mai 1881. — Vente de tableaux
par le chevalier de Knyff, 1876. 4 vol.
in-8. *Fig.*

627 — Catalogue de tableaux peints par Daliphard
et Daubigny, vente du samedi 4 mars 1876.
M. Ch. Pillet. M. Feral, expert. 1 vol. in-8
broché. *Fig. gravées à l'eau-forte.*

628 — Société d'aquarellistes français, 1879. Première
exposition rue Laffitte, 16. *Paris, Jouaust,*
1879. 1 vol. grand in-8. *Fig.*

629 — Société d'aquarellistes français, 1881-1882.
2 broch. gr. in-8. *Fig.*

630 — Première année : Salon illustré de 1879, comprenant deux cents dessins originaux exécutés
par les artistes d'après leurs œuvres, publié
sous la direction de F.-G. Dumas. *Paris,
L. Baschet,* 1879. 2 vol. in-8, brochés.

631 — Catalogue illustré du Salon, contenant trois
cent cinquante reproductions d'après les dessins originaux des artistes, publié sous la direction de F.-G. Dumas. *Paris, L. Baschet,*
1880. 1 vol. in-8, broché.

632 — Catalogue illustré du Salon de 1879. *Paris,
L. Baschet.* 1 vol. in-8, broché.

633 — Souvenir de l'Exposition de M. Dutuit (extrait
de sa collection). *Paris,* 1869. 1 vol. gr. in-4.
Figures.

634 — *Cauvet.* Recueil d'ornements à l'usage des jeunes
artistes qui se destinent à la décoration des
bâtiments, par G.-P. Cauvet. *Paris, chez
l'auteur,* 1777. In-fol., cart.

> Titre, frontispice avec portrait de Monsieur, frère
> du Roi, dédicace, soixante-deux planches et privilège
> du Roi ; il manque deux planches pour que l'exemplaire
> soit complet ; en bas, une forte tache d'humidité.

635. — Le même livre en 5o planches à toutes marges, reliées en 1 vol. in-fol., avec 20 feuilles rajoutées, contenant des planches anciennes et modernes, d'après Cauvet, et contre-épreuves de dessins, etc.

636 — *Chennevières*. Les dessins de maîtres anciens exposés à l'École des Beaux-Arts en 1879, étude par le marquis de Chennevières. *Paris, Ga\ette des Beaux-Arts*, 1880. 1 vol. gr. in-8, broché. *Fig.*

637 — *Choiseul-Gouffier*. Voyage pittoresque de la Grèce. *Paris,* 1782-1809. 2 vol. in-fol., v. marbré, tr. dor. *Fig.*

638 — *Jules Claretie.* Un livre unique, l'affaire Clémenceau, peinte et illustrée. *Paris, Ga\ette des Beaux-Arts*, 1880. 1 vol. in-fol. *Figures et portrait d'Alexandre Dumas, gravé par Mongin d'après Meissonier.*

639 — Collection des moralistes anciens. *A Paris, che\ Didot l'aîné,* 1782-1783. 12 vol. in-12, veau. (De la bibliothèque de M. le baron d'Andrée.)

640 — *Davillier*. Recherches sur l'orfèvrerie en Espagne au moyen âge et à la renaissance, documents inédits tirés des archives espagnoles par le baron Ch. Davillier. *Paris, A. Quantin,* 1879. 1 vol. in-4, broché. 19 *planches gravées à l'eau-forte, d'après d'anciens dessins de maîtres.*

641 — *Dorat*. Les Baisers précédés du Mois de mai, poème. *A La Haye, et se trouve à Paris, chez Lambert et Delalain*, 1770. 1 vol. in-8, d.-rel. veau, non rogné. *Fig. d'après Eisen.*

642 — Fables nouvelles. *A La Haye, et se trouve à Paris, chez Delalain, rue de la Comédie-Française.* 1773. 1 vol. in-8, d.-rel. veau. *Fig. de Marillier.*

643 — *Érasme*. L'Éloge de la folie, traduit du latin d'Érasme, par M. Gueudeville. 1751. 1 vol. in-8, veau. *Fig. d'après Eisen.*

644 — *Fénélon*. Les Aventures de Télémaque, fils d'Ulysse, par François Salignac de La Mothe-Fénélon. *A Paris, de l'imprimerie de P. Didot l'aîné, l'an IV de la République* (1796). 4 vol. in-18, mar. vert. *Figures d'après Queverdo, et portrait gravé par Gaucher, d'après Vivien.*

645 — *Flamen*. Devises et emblesmes d'amours moralisez. *Gravés à Paris, par Albert Flamen,* 1672. 1 vol. in-8, veau.

646 — *Eugène Fromentin.* Sahara et Sahel. Édition illustrée de douze eaux-fortes par Lerat, Courtry et Rajon, etc. *Paris, E. Plon et Cie,* 1879. 2 vol. gr. in-8. *Fig.*

647 — *Gazette des Beaux-Arts*, courrier européen de l'art et de la curiosité.
Exemplaire complet jusqu'à la fin de 1882, en livraisons.

648 — *Gérard du Moulin*. L'Énigme d'Alceste, nouvel aperçu historique, critique et moral sur le XVIIe siècle, avec un portrait inédit de Molière. *Paris, A. Quantin*, 1879. 1 vol. in-8, broché.

649 — *Gonse*. L'Art ancien et l'Art moderne à l'Exposition de 1878, publié sous la direction de M. Louis Gonse. *Paris, A. Quantin*, 1879. 2 vol. in-4. *Figures*.

650 — Musée de Lille. Le Musée Wicar, par Louis Gonse. *Paris*, 1878. 1 vol. gr. in-8. *Fig*.

651 — *Histoire du Vieux et du Nouveau-Testament* (par David Martin), enrichie de plus de 400 figures en-taille-douce, etc. *Anvers, Pierre Mortier*, 1700. 2 vol. in-fol., v. marbré.

652 — *Horace*. Quinti Horatii Flacci Opera. *Parisiis, e typographia regia*, 1733. 1 vol. in-18, mar. r., tr. dor., avec fleurs de lis sur le dos et les plats.

653 — Le même livre, mar. r., larges dentelles. On y a ajouté le portrait d'Horace gravé par Saint-Aubin.

654 — *Houdoy*. Histoire de la céramique lilloise, précédée de documents inédits, constatant la fabrication de carreaux peints et émaillés, en Flandre et en Artois, au XIVe siècle, par J. Houdoy. *Paris, Auguste Aubry*, 1869, 1 vol. grand in-8°.

655 — *Journaux*. The Art, journal illustrated, 1862, 1863 et 1864, 4 vol. in-fol. cart. *Fig. sur bois et sur cuivre*.

656 — *La Fontaine*. Fables de La Fontaine, édition illustrée par J. David, accompagnée d'une notice historique et de notes par le baron Walckenaër. *Paris, Armand Aubrée*, 2 vol. grand in-8°, demi-rel. bas. *Fig.*

657 — Fables illustrées de 100 gravures sur bois par Gavarni, E. Wattier, etc., et de 10 lithographies par Ch. Delhomme et E. Bataille. *Paris*, 1851, 1 vol. in-8° cartonné.

658 — *Laurent*. Histoire de l'empereur Napoléon, par P.-M. Laurent, de l'Ardèche, illustrée par Horace Vernet. *Paris, J.-J. Dubochet*, 1840, 1 vol. in-8° demi-rel. mar. violet.

659 — *La Paix de l'Opéra*, ou Parallèle impartial de la musique française et de la musique italienne. *A Amsterdam*, 1753, 1 vol. in-8° broché.

660 — *Le Livre des sonnets*, dix dizaines de sonnets choisis. *Paris, Lemerre*, 1874, 1 vol. in-8° broché.

661 — Les Quinze Joyes du mariage. Seconde édition de la bibliothèque elzévirienne, conforme au manuscrit de la Bibliothèque publique de Rouen. *A Paris, chez P. Jannet*, 1857, 1 vol. in-18, mar. rouge.

662 — *Longus.* Les Amours pastorales de Daphnis et
Chloé. *A Genève,* 1777, 1 vol. in-18, veau.
Fig.

663 — *Milton.* Le Paradis perdu, traduit par Jacques
Delille. *Paris,* 1805, 3 vol. in-8° veau. *Fig.*

664 — *Montesquieu.* Le Temple de Gnide, nouvelle
édition avec figures gravées par N. Le Mire,
d'après les dessins de Ch. Eisen, le texte
gravé par Drouet. *A Paris, chez Le Mire,*
1772, 1 vol. grand in-8°, veau marbré. *Fig.*

Très bel exemplaire.

665 — *Pailliet.* Manuel de droit français. *Paris,* 1824,
1 vol. in-4° veau.

666 — *Racine.* La Religion, poème par M. Racine, de
l'Académie royale des inscriptions et belles-
lettres. Nouvelle édition. *Paris,* 1742. 1 vol.
in-8, veau. *Fig. par Cochin.*

667 — *Redouté.* Les Roses, par P.-J. Redouté, peintre
de fleurs, avec le texte par Cl.-Ant. Thory. *A
Paris, de l'imprimerie de Firmin-Didot,*
1817-1824. 3 vol. in-folio, demi-rel. mar.
rouge. *Fig. en couleur.*

668 — Choix des plus belles fleurs et des plus beaux
fruits, par P.-J. Redouté. *Paris, E. Panc-
koucke.* 1 vol. in-4, demi-rel. bas.

669 — *Rétif de la Bretonne.* Le Paysan et la Paysanne
pervertis, ou les Dangers de la ville. *A La*

Haye, 1784. 8 vol. in-8, brochés. *Fig. d'après Binet.*

670 — *Le Roux de Lincy.* Les Femmes célèbres de l'ancienne France, mémoires historiques sur la vie publique et privée des Femmes françaises depuis le Ve siècle jusqu'à la fin du XVe. *Paris,* 1852. 1 vol. in-fol., cart. *Fig.*

671 — *Scribe.* Théâtre complet de M. Eugène Scribe. Seconde édition, ornée d'une vignette pour chaque pièce. *Paris, Aimé André,* 1834-1841. 22 vol. in-8, demi-rel. bas. *Fig.*

672 — *Tableaux* historiques de l'abbaye de Port-Royal des Champs. 1 vol. in-8, veau mar.

673 — *Tableaux historiques* de la Révolution française, avec des discours (par l'abbé Fauchet, Chamfort et Ginguené), pour les vingt-cinq premières livraisons; la suite par Pagès. 2 vol. demi-rel. veau. Manque le volume de portraits, ainsi que les titres des deux volumes annoncés.

674 — *Unger.* Les Œuvres de William Unger. Eaux-fortes d'après les maîtres anciens, commentées par C. Vosmaer. *Leyde, A. W. Sythoff,* 1875. 3 vol. in-fol. en portefeuille.

675 — *Valerii Maximi* dictorum factorumque memorabilium... *Amstelodami, e typis Ludovici Elzevirii,* 1650. 1 vol. in-18, veau avec fleurs de lis sur les plats. *Fig.*

676 — *Walter Scott.* Œuvres. *Paris, published by A. and W. Galignani, 18, rue Vivienne, and P. Didot, rue du Pont-de-Lodi,* 1821-1828. 44 vol. in-8, demi-rel. bas. (Thouvenin).

677 — *Villenave.* Les Métamorphoses d'Ovide, traduction nouvelle avec le texte latin, suivie d'une analyse de l'explication des fables... par M. G.-T. Villenave, ornée de gravures d'après les dessins de MM. Lebarbier, Monsiau et Moreau. 2 vol. in-8, demi-rel. veau.

678 — *Wicar.* Tableaux, statues, bas-reliefs et camées de la Galerie de Florence et du Palais Pitti, dessinés par Wicar et gravés sous la direction de C.-L. Masquelier, avec les explications par Mongez. *Paris, Firmin-Didot frères,* 1852. 4 tomes en 2 vol. in-fol., cart.

679 — *Pfnor.* Ornementation usuelle de toutes les époques dans les arts industriels et en architecture. *Paris,* 1866-1867. 1 vol. gr. in-4, demi-rel. mar. rouge.

680 — *Armengaud.* Les Galeries publiques de l'Europe. *Rome, Paris,* 1857. 1 vol. gr. in-4, demi-rel. mar. rouge.

681 — Sous ce numéro il sera vendu environ deux mille volumes. Œuvres de Voltaire, Molière, Racine, La Fontaine, etc., etc.

A PARIS

DES PRESSES DE D. JOUAUST

Imprimeur breveté

RUE SAINT-HONORÉ, 338